gedichte
von heinz fuchs

u n - d i c h t

un-dicht

gedichte
von heinz fuchs

herausgeber: www.buchnet.com

2. überarbeitete Auflage als Bod-Taschenbuch 2007
© 2007 www.Buchnet.com, Meran
Alle Rechte vorbehalten

Coveridee: Michael Fuchs, Meran
Coverfoto: Damian Pertoll, Meran
Gestaltung: Andrea Dürr, www.loladesign.info
Herstellung und Verlag:
Books on Demand GmbH, Norderstedt
ISBN 978-3-833-494536

inhalt

daheim

inhalt

auf reisen

inhalt

im umfeld

inhalt

an der front

zeitweise

inhalt

beim sinnen

widmung

ich widme diesen gedichte-band meinen
eltern: meinem verstorbenen vater, der mir
das ruhelose suchen nach mehr und den
hang zum musischen vererbt und durch sei-
ne unzulänglichkeiten und sein oftmaliges
scheitern mir das unvollkommene sympa-
thischer gemacht hat;
meiner mutter, die durch tüchtigkeit, für-
sorge und weltoffenheit mir den weg in
den beruf und in den wohlstand geeb-
net und durch einen starken sinn für
soziale gerechtigkeit mich für gesellschafts-
politische themen sensibel gemacht hat.

vorwort

dadurch, dass ich
meinen gedanken
öfters freien lauf lasse
und manchmal
sogar meinen tränen
und
dass ich die lippen
beim schmunzeln
und im unmut
nicht verkneife
und dadurch,
dass ich öffentlich
mein lieblingsspiel,
das wortspiel,
spiele,
bin ich

undicht

geworden.

daheim

daheim

manchmal
ist daheim
die heimat
ganz lokal;

manchmal
ist's
das gegenteil
ganz global;

arbeit,
freunde suchen,
sich niederlassen,
wärme fühlen;

manchmal ist's
einfach nur
in kinderspielzeugkisten
wühlen.

ab-stammung

mit wurzeln
halt ich mich fest,
ich stamme ab,
bin stamm geworden,
verästelt,
mit blüten.

die samen
sind aufgegangen.

ich wachse
und die blätter
atmen tief durch
im wind,
mit dem ich immer noch
zu wenig spiele.

bald flieg ich davon
mit ihnen.

[daheim in sexten am pfingstmontag 2007]

nest-wärme

zerstört mir
bitte
nicht mein nest!
planiert nicht
meine bettenfalten!

lüftet nicht
mein geheimnis!
helft mir
das bisschen
rest-wärme erhalten!

saniert mir
bitte
nicht mein nest!
lasst meine sachen
an meiner liege haften!

räumt nicht
ungehemmt auf!
nehmt mir nicht
meine
liegenschaften!

letzte rettung

die haut,
die mich umgibt,
ist
zu dünn
und
der faden,
an dem
ich hänge,
ist
zu seiden.

ich zittere
im wind
und
bei der nächsten
böe
falle ich
....
in
den
warmen
familienschoß.

wort-wechsel

man wechselt geld,
gelegentlich auch unterhosen
und socken.

man wechselt arbeitsplatz,
geliebte,
schnurrbart und locken.

man wechselt und verwechselt freunde,
gelegentlich sogar sich selbst,
man wechselt gepflogenheiten und orte.

ein wechsel jedoch
ist für mich unerträglich:
jener der worte.

[27.10.05, nach einem wort-wechsel.]

hasch-erl

hasch a jausn ?
hasch zu trinkn ?
hasch gschaut, dass deine sockn net stinkn ?
hasch die taschentücher ?
hasch die kassettn und die bücher ?
hasch den ausweis und das geld ?
und tu mir ja net
hasch ´n!
mein gott,
mei
hasch-erl
geht in die welt!

die fete ist vorbei

überall die (g)li(e)der kippen,
sanftes stöhnen auf den lippen,
halbgefüllte gläser
von hundert fingerabdrücken
getrübt,

die fete ist vorbei
und wieder einmal
wurde leben geübt.

überall die flaschen stehn,
gestalten kommen, schatten gehn,
halbgefüllte seelen
von hundert lippenabdrücken
getrübt,

die fete ist vorbei
und wieder einmal
wurde leben geübt.

überall will alles ruhn,
nur einige wollen liebe tun,
halbgefüllte körper
von hundert enttäuschungen
getrübt.

die fete ist vorbei
und wieder einmal
wurde
leben geübt.

[07.07.06]

eifersucht

der kater
darf zu dir ins bett
und erntet lob und streicheleinheiten
für sein liebes...schnurren.

und ich,
ich muss ins nebenzimmer
wegen schn...archens
und darf nicht mal ein wenig...murren.

kastrations-mitteilung
an den kater des hauses

herr kater!
es sei dir unverblümt mitgeteilt:
ab heute hat sich's ausgegeilt!

bei uns menschen
ist es üblich,
bestimmte gewächse zu roden:

den löwenzahn im garten,
den urwald in brasilien
und die kater-hoden.

rodung bringt ordnung und zivilisation.
ansonsten herrscht wildwuchs!
wer mag das schon?

[februar 2005
die kastration erfolgte in aller stille in
den morgenstunden des 1. märz 2005.]

socken-manifest

socken-träger
aller länder,
vereinigt euch!!

befreit euch
vom
socken-gleichheits-zwang!

die allmorgendliche
zweit-socken-suche
dauert zu lang!

es lebe die asymmetrie,
das bunte
und die phantasie!

es lebe
die
socken-revolution!

liberté! fraternité!
aber bitte
ohne socken-egalité!

fehlende lebens-unterlagen

irgendwelche
bösen geister
scheinen immer wieder
meine zettel
und dokumente
zu verstecken
oder gar
zu stehlen.

wie sonst
könnten
immer wieder
meine
lebens-unterlagen
fehlen?

alters-erscheinungen

ich sollte
bratwürste
kaufen
im auftrag meiner frau,
doch kam ich mit einer
drahtbürste zurück.

oh gott!
mein gehör
ist nicht mehr genau.
langsam bröckle
ich ab,
stück für stück.

fernseh-abend

man schaut
und frisst
und schaut
und frisst
aus der
satelliten-schüssel
und irgendwann
hat man
keinen
geschmacks-sinn
mehr

technisches versagen

ich wollte
eine fliege
mit einem
klick
vom bildschirm
vertreiben.

doch
trotz aller
klickerei
vermochte es
die fliege,
auf dem bildschirm
zu verbleiben.

sau-na-genuss

ich hab
die sau-
na
die sau-
na
die sauna genossen.

die
schwei-
ja die
schwei-
ja die schweißperlen
sind reichlich geflossen,

bis plötzlich
im sau-na-nebel
der sau-na-webel erschien
und schrie:
„ruhe!"
„mit dem lautsein ist jetzt schluss!"

und
weg war
der sau-
na
der
saunagenuss.

schloss-leben

wer im schloss leben muss,
lebt ein-ge-schloss-en.

wer nicht im schloss leben kann,
ist aus-ge-schloss-en.

wer nicht weiß, ob er im schloss leben will,
ist un-ent-schloss-en.

wer nur im schloss leben möchte,
ist zu ver-schloss-en.

wer ein schloss besitzt und es anderen öffnet,
ist auf-ge-schloss-en.

irgendwie lebt jeder sein schloss-leben,
bis er es ab-ge-schloss-en hat.

[2006; dem schloss-besitzer und freund rainer
schölzhorn zum 50. geburtstag gewidmet.]

promenaden-mischung

zwei ältere herrn
gehn miteinander spazieren,
beide an einer leine.

der eine hat zwei,
der andere
doppelt so viele beine.

*[frühjahr 2006; beobachtung
auf der sommerpromenade in meran.]*

erben

erben
geld
durch
sterben
in verlassenschafts-kästchen
wühlen
tanten einseifen
und
spülen
reichtum erben
durch
ahnen
wohlstand
durch
sterben
planen

ver-zettelt

irgendwann und irgendwie
wurde mein leben
an-ge-zettelt.
ein zettel dann bei der geburt,
ein zettel bei der taufe,
viele zettel in der schule,
tausende im studium und im beruf.

zettel beim lohnempfangen und beim entlohnen,
zettel fürs recht zu wohnen,
zettel aus der hand von ärzten und notaren,
zettel beim an- und verkauf von waren,
zettel in allen kästchen und regalen,
zettel als retter,
zettel als qualen,
zettel in der ehe,
zettel beim kinderkriegen.

und zum schluss ein zettel
an der großen zehe beim leicheliegen.
und man sagt, auch der herr
halte bei der ankunft im paradies
einen zettel bereit.
das leben ist verzettelt
bis in alle ewigkeit.

letzte bitte

schnucki !
steck mich bitte
nie in eine truhe!

denn
ich hasse
ewige ruhe.

lass mich
immer bei dir sein
in deiner tasche,

als schön verzierte
kleine
flasche.

*[testamentarische bitte um beisetzung
in einer taschenurne in form eines fläschchens]*

auf reisen

der beginn

der beginn
einer reise
ist oft
das vorläufige ende
der reiselust.

[05.07.2004; am beginn der ferienreise nach djerba]

sankt petri

sankt petri
ist stille,
sankt pauli
ist laut.

bin
nirgendwo drinnen,
bin
irgendwie out.

[am 09.07.2002;
selbstgespräch in der kirche st. petri in hamburg]

venedig

du bist
die
ungewöhnlichste
aller städte,
verhalten bunt,
verhalten grau,
kunstvoll,
arm
und
unendlich reich,
ungepflegt
und
unvergleichlich schön.

auf deinen
stillen festen,
an deinen
stillen plätzen,
in deinem
stillen morgennebel
erzählst du
alles,
was das leben
zu erzählen hat
und deine wellen
streicheln dich
unentwegt.

donau-kanal

oh donau!
so schön,
so blau!

nichts in der welt
bleibt naturgetreu,
moralisch, historisch genau.

auch du,
edelster aller flüsse,
musstest, durftest,

wolltest,
oh wie frech,
oh wie banal,

teilweise
in ein anderes bett,
in den donaukanal.

eiffel-turm

ich habe
den eiffel-turm gesucht
am mont parnass.

paris
war verwirrend,
graukalt und nass.

einmal zu ihm aufschaun wie ein wurm!
einmal unter ihm stehn,
dem eiffel-turm!

ich hab ihn gefunden,
hab seinen nächtlichen glanz erlebt
und sein nachmitternächtliches erblassen.

so viel paris
kann ich, trotz tiefer sehnsucht nach mehr,
zufrieden verlassen.

mythologie

ich sitze
am griechischen strand
in einer taverne,
mit einem mythos-bier.
mein blick
schweift
in die hellenische ferne
und ich weiß nicht,
bin ich ein kentaur,
oder gar apollo,
oder einfach nur
ein sagenhafter
stier.

[sommer 2004; am pilion]

überbelichtet

rotlicht,
blaulicht
und
tausende
leselampen.

ich glaube,
ich bin
überbelichtet.

[frankfurter buchmesse 2004]

o-zapft isch!

„o-zapft isch"
sagt bude
auf der theresienwies'n.

„o-zapft isch"
sagt auch bush
im irak.

wer o-zapft,
der lässt
ströme fließ'n.

[*oktoberfest 2004*]

der fußball

der fußball
vereint,

der erdball
hoffentlich bald auch.

[bei der fußball-wm 06 in deutschland]

erinnerungen

dort,
auf der kleinen bank
hatten sie sich geliebt,
im nieselregen,
von buchenlaub
und nieselnebel
verdeckt.

und jedes mal,
wenn ich
eine kleine bank sehe
im nieselregen,
wird ein wenig
sehnsucht nach
junger liebe geweckt.

[09.04.07 salzburg, im buchenwald auf dem kapuzinerberg.]

nach dem sturm

geknickte bäume
gebrochene seelen
entwurzelt
zerfetzt
verbogen

wir sind
zutiefst verletzt
die götter
haben uns
belogen

[09.04.07 salzburg, auf dem kapuzinerberg]

kirchen-besuch

ich besuche kirchen
nicht immer
wegen der kirche,
sondern wegen gott,
oder wegen der kunst,
oder wegen der musik,
oder wegen der sehnsüchte,
oder einfach nur,
wenn die glocken läuten,
oder vielleicht doch mehr,
wenn sie schweigen.

[salzburg, ostermontag 2007]

mezzogiorno

ich weiß nicht,
ob ich dich lieben soll
oder hassen

am liebsten
tät ich
beides zugleich

nur eines
kann ich nicht:
dich ignorieren.

[ponza, juli 2007]

kurzurlaub

ein zimmer
mit dusche
für eine nacht
im 12. stock,
mit fernseher
und unendlich viel blick
auf die stadt,
und niemanden
in der nähe,
der etwas
zu meckern
hat.

abschied

ich weiß,
warum
beim abschied
mein herz immer noch
ein wenig schneller klopft.

ich weiß auch,
dass es
der alltag ist,
der immer noch
so vieles verstopft.

im umfeld

genesis

... und gott sprach:
„macht euch
die erde
untertan."

... und es entstanden
macher
und
untertanen,

... und gott sah,
dass es
nicht immer
gut war.

bremer stadtmusikanten ges.m.b.h.

ganz unten
steht der esel
geduldig und stumm,
auf ihn baut die gesellschaft
m.b.h.,
aber sonst ist er dumm.

der hund,
bissig, wendig
und hoch intelligent,
beherrscht die szene
m.b.h.,
weh dem, der ihn verkennt.

in ihn verkrallt sich
m.b.h.
die katze,
die kesse,
ausnahmsweise nicht
aus erotischem interesse.

und weil schönheit und stolz
der gipfel ist,
verlässt der hahn seinen alltagsmist
und stellt sich der gesellschaft
m.b.h.
an die spitze.

doch es gibt da noch,
gesellschaftlich
bisher völlig verkannt,
in jeder höhe
m.b.h.
die bremer-stadtmusikanten-flöhe.

para-sit

ein parasit
ist jemand, der
aus dem zusammensein mit anderen
einen nutzen zieht:

die kopflaus,
mit den
gepflegten,

die filzlaus
mit den
erregten,

die wanze
mit den
neapel-reisenden,

der floh
mit den
zivilisation-abweisenden,

der mensch
mit den mitmenschen,
wie man sieht:

irgendwie
ist somit
jeder
ein parasit.

[31.10.05]

lose

arbeits-los
heimat-los
lust-los
halt-los
kinder-los

nicht
jedes los
ist
ein treffer

ausschluss

planetino
cretino
latino.
die letzten,
die kleinsten,
die auf die schiefe bahn geratenen
passen nicht mehr hinein
ins system,
werden hinausgetreten,
auch bei den planeten.

*[am 25.08.06 wurde pluto aus dem planetensystem ausgeschlossen,
weil er die bedingungen, ein planet zu sein, nicht mehr erfüllte.]*

falsche rechnung

übergewicht
im norden
minus
untergewicht im süden
ergibt
immer noch nicht
gleichgewicht.

[20.04.07]

überfluss

überfluss
fließt durchs land
über runde bäuche
und versteinerte herzen
hinab ins uferlose
und
auf nackten sträuchern
am rande
hängen nackte seelen
mit angst-großen augen
und schreien um hilfe.

[*29.10.05; anlässlich der*
überschwemmungen in mittelamerika]

ver(sch)wendung

die tausend füße
der tausendfüßler
sind,
so meine ich,
eine reine verschwendung.

doch auch die millionen
der millionäre
finden,
meine ich,
keine reine verwendung.

g-bt 8

g-bt 8
g-8
g-recht
ist nur
wenn alle
g-8-et
werden

[beim g-8-gipfel in heiligendamm 2007]

globale sorgen

ich hab sorgen
um das
über-ver-sorgte europa
und um das
unter-ver-sorgte afrika.

ich hab sorgen
um das
zu wenig ent-sorgte asien
und um die
sorg-losigkeit von amerika.

ich hab sorgen
um die
sorgen-falten der ureinwohner australiens
und blicke sorgenvoll
auf die beiden neuen sorgen-kinder, die pole.

[04.11.05]

eine einstellungs-frage

mehr feinstaub
in der lunge
oder
mehr feinkost
im magen?
eine einstellungs-frage.

über-treib-haus-effekt

manche wesen
dieser erde
neigen
von haus aus
dazu
zu über-treiben;
dadurch entsteht
ein
über-treib-haus-effekt.

kyoto-proto-koll

kyo-to
mo-to
to-to
pro-to-
koll
kolla-
kolla-ps
klim-ps
kla-ps
klima-
schutz
schmutz
weg
ohne dreck
toll
kyoto-proto-koll

universalvers(t)and

ich hab
beim universalversand
den
universalverstand
bestellt
um wenig geld,

weil
ohne vers(t)and
nichts läuft
bei all dem,
was man da so käuft und verkäuft.

[30.06.07]

such

t

pro

gramm

such
t
wir
d
erb
gesetz
lich
konsum
gesellschaft
lich
und
milieu
bedingt
pro
gramm
ier
t

hysterisches geschrei

wie wohltuend
vernimmt sich
das leise
körnersuchende
hühnergegacker.

doch,
kaum legt eines der hühner
ein ei,
wird das liebe gegacker
zum
hysterischen hühnergeschrei.

rasen-erlass

betretende füße
verboten!
betretene gesichter
erlaubt.

-ieren und nicht -ieren

programme
werden
programm-iert,
autoren
autoris-iert,
territorien
terroris-iert,
der globus
wird
globalis-iert;
nur
die anima
wird nicht
anim-iert.

mitte

wenn
die linke
nicht weiß,
was
die rechte
tut,
ist das weiters
nicht schlimm.

es gibt
da noch
einen
kopf
in der
mitte.

sicht-weisen

es gibt
aus-sichten,
wenn durch
austausch
von
an-sichten
eine art
ein-sicht
entsteht.

[meine an-sicht zu den koalitionsverhandlungen
in deutschland im sept. 2005.]

nachtschatten-gewächse

künstler
sind
nachtschatten-gewächse
mit
blau-violetten blüten
und tief-roten augen.

ihre früchte
sind
gift-schwarze beeren,
die manchmal
eine gewisse
heilwirkung haben.

druck

be-ein-druckend
welchen
druck
ge-drucktes
auf
unter-
und-
be-drückte
ausüben kann

ein
druck
genügt
und du bist
ein
ge-druckter
oder
er-drückter
mann.

es suche
den
druck-aus-gleich
wer kann.

an der front

siegesmeldung

„wir haben gewonnen"
schrie der adjutant
hinein
in den offenen schädel
seiner majestät.

ringsum
lagen kehlen
und herzklappen
und weichteile
und ohren.

doch
aus dem offenen schädel
seiner majestät
kamen deutlich hörbar die worte:
„wir haben verloren".

sie schlagen

sie schlagen
wieder zu.
sie schlagen
wieder die türen zu.

sie schlagen
wieder ein.
sie schlagen
wieder die schädel ein.

sie schlagen
wieder auf.
sie schlagen
nie wieder die augen auf.

heroismus

heroismus
ist
eine
scheinbar veredelte art
der
selbst-zer-störung

ich wünsche mir

ich wünsche mir,
dass
die menschheit
im namen
der menschlichkeit
die feigheit
rehabilitiert.

[11.12.06]

schläge

anschlag,
vergeltungsschlag,
handschlag,
stromschlag,
atomschlag.

die welt
schlägt
um sich.

vorsicht!
bei einem
fehlschlag
trifft's auch dich!

gefangen

gefangen

bangen

lallen

gefallen

in der schlacht

haaaaaabt acht!!!!

muskel-spiel

die muskeln
werden zum teil
vom hirn
koordiniert.

das hirn
wird zum teil
von muskeln
dirigiert,

ohne
an-
spielung.

helden-denk-mal

denk mal
nach,
kleiner held,
unbekannter soldat,
ungefragter,
bedeutungsloser!

denk mal
an den teutoburger wald,
an austerlitz,
an die piave
und an die ardennen!

denk mal,
verblendeter held,
missbrauchter soldat,
an stalingrad, an vietnam und den irak,
ans zerstören und trennen!

denk mal nach!
lass dich nicht verführen!
und lass dich nicht zuletzt,
als kleine zeile
unter tausend zeilen,
in ein helden-denk-mal eingravieren!

zeitweise

liebeserklärung am morgen

ich kann ohne dich
den tag nicht beginnen.
ich muss dich haben
mit all meinen sinnen,
will im halbschlaf
dich auf den lippen spüren.
nur von dir lass im morgenrot
ich mich gerne verführen.

ich kann ohne dich
den tag nicht beginnen.
nur du darfst beim erwachen
auf meiner zunge zerrinnen.
ich liebe dein zartes braun
und deinen unwiderstehlichen duft.
nur dich auf händen tragend
trete ich an die morgenluft.

ich kann nur mit dir
den tag beginnen,
nicht mit vital-saft,
joghurt oder tee.
nur du erweckst allmorgendlich
in mir das leben:
mein herzallerliebster
kaffee.

[25.09.06]

morgenspaziergang

die frische tut gut.
sie dringt allmählich
von außen
nach innen
und
das rauschen des baches
verdrängt
das rauschen im kopf.

nur,
die sonne
ist noch zu schwach,
um
die nebelschwaden
von der seele
zu heben.

[an der passer, morgens am 25.04.07]

dämmerung in den dolomiten

gletscherzungen schmatzen
urzeitbehagen.
in nebel und gehölz
formen sich
gesichter aus sagen.
gnome und elfen
steigen aus klüften und schluchten.
es entsteht wieder
leben
an thetis' buchten.

menschenzungen schlürfen
abenddämmern.
in nebel und gehölz
suchen hirten nach lämmern.
gnome und elfen
steigen aus klüften und schluchten.
es kommt und geht
leben
an thetis' buchten.

menschenzungen kleben
am verbleichenden riff.
in nebel und gestein
suchen kletterer
nach dem griff.
gnome und elfen
steigen aus klüften und schluchten.
irgendwann vergeht
leben
an thetis' buchten.

an den mond

guter mond!
du warst immer
so stille,
so freundlich distanziert.

du hast nur
um schlafwandler und verliebte
dich gekümmert
und um die gezeiten.

nun mischt du dich
in alles ein:
kropf operieren, kinder kriegen,
haare schneiden, pläne machen, garten bereiten…

guter mond!
du bist nicht mehr du.
du bist so geschäftig,
so programmiert.

mitternacht

mitternacht
unter sternen.
unbeschränkter blick
ins all.
kostenfreies lernen.
endloser widerhall.
unbekümmertes sinnen,
zu allem bereit.
träume,
die zerrinnen
am morgen der wirklichkeit.

gletscher-wanderung in meran

wenn´s in meran
einmal kräftig schneit
und die schneeräumer
das schneeräumen
vergessen,

kommt man
in den seltenen genuss
einer gletscher-wanderung
unter palmen
und zypressen.

um-kehr

um-kehr,
ab-kehr,
ein-kehr.

kehr-seite
des lebens.
keine ist vergebens.

man kann
die seiten
ver-kehren im nu.

das, was bleibt,
ist die medaille
und die bist du.

[gedanken zur fastenzeit]

fast-en-zeit

fast
nichts essen
fast
nichts trinken
fast
nichts rauchen
fast
nicht...hm...ihr wisst schon....
fast
nichts

eben
fast-en

mainacht

ich hätte nie gedacht,
dass es noch elfen gibt.
hab stimmen von feen
im lauen abendwind vernommen.

ich hatte vergessen,
dass der mond sich in venus verliebt.
ein stückchen kindheit
ist im dämmerlicht zurückgekommen.

ich habe die wärme
der steine gespürt
und starke düfte
aus schwarzer erde gesogen.

mich hat die mainacht
aus der finsternis geführt
und sie hat mich dabei
nicht betrogen.

sommer

du lässt
formen verschmelzen,
verschwinden;
schenkst leichtigkeit
im überfluss.

du machst
sogar aus dem geringsten
des seienden,
dem schatten,
hochgenuss.

[20.07.06]

nicht nur sommer-gewitter

nicht nur
sommer-gewitter
kühlen ab,
machen schaden,
spülen durch,
erfrischen,
entladen.

[24.05.07 nach einem gewitter]

herbstspaziergang

eintauchen
in die flut
der farben,
sonnedurchdrungen,
wohlgefühl
um die brust,
fast nicht zu ertragen,
würde nicht
im rücken schon
die kälte
lauern.

[02.11.05]

spätherbst

die garten-tisch-decke
zerknittert,
noch ein wenig sommer-befleckt,
ein wenig verwittert,
ein wenig vergessen,
neben braunen blättern.

die garten-polster,
taufeucht,
auf liegestühlen
mit ihrem schrei
nach sonnenstrahlen.

aufräum-säcke,
prallgefüllt,
neben verhungerten blumentöpfen.
abschiedsstimmung.

langes, welkes gras
lässt fallen
leichter werden

und der tau
das weinen vertrauter.

späte rose

zu spät!
die blüte ist vorbei.

ich hab nicht mehr …
wie soll ich dich …
wie kann ich nur …
ich will nicht mehr …
ich hab noch nicht …

oh gott …!
ich hab …
noch nicht gesehn …
wie schön du bist …
späte rose.

weihnachts-markt-stimmung

tausend
fremde nähen
und tausend
warme lichter
in der kälte.

weihnachtslieder.
weihnachtspunschfähnchen
vor verglänzten augen.

wohlige urbedürfnismischung
bevor in der tiefgarage
das neonlicht
die hirnströme
wieder ordnet.

weih-nacht

ich weihe
diese nacht
all jenen
ochsen und eseln,
die wärme spenden
dieser kalten welt,
lautlos
und
ohne entgelt.

[24.12. 2006]

beim sinnen

sinnen

ich trage
meine gedanken
tief hinein
in die mitternacht.

es ist die beste zeit
zum sinnen,

und wenn auch einige
im silbertau zerrinnen
oder bei lichtchen
und geräuschchen verweilen.

ich brauch mich nicht beeilen,
sie wieder einzusammeln,

weil längst schon
blätter und käuze
sie auf ihren lippen
stammeln

um mitternacht,
im hain.

ein bisschen zeit

ein bisschen zeit
verlieren
für einen
augen-blick
für eine
fuß-note
für einen
hände-druck
vielleicht sogar
für einen
herzenswunsch

cabaret

cabaret,
ein spiegel,
unverblümt,
extravagant.

mein bild,
ein wenig verzerrt,
ein wenig verkannt,
in schwarz-buntem rahmen.

tränen-unverträglichkeit

ich kann
tränen
der andern
nicht vertragen
weil ich
angst habe
vor den eigenen
und vor
dem leid
dem gemeinsamen
ganz unten
in der tiefe

bisexuell

ich kann nicht
ohne gefühle,
aber auch nicht
ohne verstand
leben.
vielleicht bin ich
bisexuell.

be-liebig

die natur
be-
vor-,
be-
nach-
-zugt,
-teiligt,
liebt
be-
liebig.

labil

ich hab
das gefühl
dass
„labil"
gefühl-
voller
ist
als
stabil
vielleicht aber
hab
ich
zu viel
gefühl

grau-en-hafte entdeckung

manchmal
kommen mir
beim zeitunglesen
braune gedanken,
ganz ohne
er-rötung
und
der grün-tee
schmeckt mir
plötzlich nicht mehr,
ohne
dass ich
blau
bin.

am fluss

der fluss
trägt sich
und alles
nach unten

unermüdlich

spielend
mit ästen
und enten
und steinen

einfallsreich

und irgendwann
hört er auf
zu spielen
und zu hasten

wird sinnend und breit

und trägt
nur noch
klaglos
seine lasten

unvollkommen

eigentlich mag ich
das unvollkommene,
den kleinen patzer beim schreiben,
das wölkchen in den scheiben,
die geringfügige übertretung,
die ungeschickte pose.

eigentlich fühl ich mich
zum chaos hingezogen,
zu den tausend zetteln in den kartonen,
zum improvisierten wohnen,
zum parteitag der unparteiischen,
zur zerknitterten hose.

eigentlich lieb ich
das unvollkommene,
das über das vollkommene lacht

und das glück einer vergessenen garten-rose,
wenn sie nach einem regentag
zu neuem leben erwacht.

[05.09.06]